시공간

1부

그렇게 꽃이 된다

어느 겨울날의 오필리아	10
꿈의 조각	14
계절의 끝	17
하얀 것	19
나비(1)	20
겨울의 아이	24
향기	26
구름	27
눈 내리는 오후	29

신호등의 역설	31
하늘 아래 신기루	33
수련	35
꽃샘 비	36
그렇게, 꽃	37
꽃관	39
봄 인사	43
구름을 사랑하는 이가 있을까	44
나비(2)	49

2부
흔치 않은 마음

나뭇잎이 잠드는 계절	54
존재의 표상	55
가벼운 존재	58
검은 것	59
무채색	62
마지막 갈래	63
선언	66
하늘 아래 신기루	67
새벽의 무성영화	69
11시 59분	71
바다 물고기도 눈물을 흘릴까	75
흰 수염의 고래	78
해피엔딩	82
나뭇잎은 생각한다	84

3부
소멸하고 피어나고

11월의 소실점	88
목동자리	91
이차원 평면 위의 인간	93
사건의 지평선	96
0시 1분	98
3월의 마지막 눈이 내리던 날	100
공간	102
기다림	104
오지 않는 시간	108
따스한 상실	112
회상의 경계	113
견딜 수 없는 떨림에 대하여	115
흔들림	117
그날의 꽃	118
고래낙화	119

시인의 말

    가슴속 차오른 감정을 더욱 잘 담아내고 싶어 출판사 [고래와 혼]을 만들었습니다. 저는 고래를 좋아합니다. 물속에서 살지만 아가미가 없어 숨을 쉬기 위해서는 바깥으로 나와야 하는 그 모습이 저와 닮았다고 느껴졌습니다.

    저는 현실이라는 바다에 살아가고 있습니다. 그리고 숨을 쉬기 위해 글을 쓰고 꿈을 꾸고 있습니다. 글을 통해 응어리처럼 차오른 물을 뿜어냅니다. 숨을 쉬기 위해, 살아가기 위해 적어 내려갔던 시들을 이곳 [시공간]에 모았습니다.

이는 어쩌면 흔한 마음. 그러나 어떠한 동사로도, 어떠한 형용사로도 이를 표현할 수 없다. 그렇기에 시를 쓴다. 표현할 수 없는 이 마음과 감정을 어떻게든 표현해 내기 위해 글을 쓴다. 그럼에도 불완전하다. 이는 분명하게도 미완성이다. 하지만, 하나의 동사와 하나의 형용사가 모여 그대를 향한다. 두 개의 동사와 두 개의 형용사가 모여 그대를 위한 노래가 된다. 수십 개의 동사와 수십 개의 형용사가 모여 결국 그대가 된다. 그대를 마음에 품으며 쓴 모든 것들이, 소중한 모든 말들이, 그렇게, 꽃이 된다.

1부

그렇게 꽃이 된다

어느 겨울날의 오필리아

내일의 불행을 모르는 사람처럼
그저 죽어만 가고 싶었지

누군가를 사랑하기에 너무도 쉬운 계절
그러나 영혼 없이 텅 빈 표정

손끝에 흐르는 은빛 드레스는
찬송가를 힘없이 흐느낀다

너에게 씌워 줄 화관을 잡지 못해
결국 흘러가는 강물이 되어버린 그녀를,

너는 언젠가 잊은 적이 있을까
그렇지만

오필리아, 당신이 남긴 제비꽃을
이제는 그만 찾으려고 한다

살든지 죽든지 더 이상 문제가 아니므로
가지런한 장미 옆에 가지런히 앉아본다

강물에 비친 햇빛이 유난히도 밝았기에
우리는 서로의 인칭이 되어본다

희미해질수록 더욱 선명해지는 것
조금씩 서로의 그림자를 포개본다

그저 지우기를 반복하는 계절
그러나 이 계절이 참 좋다고

정말 좋다고

나를 살려준 연인에게
어느 겨울날의 오필리아가 고백한다

흐르는 강물 밖에 앉아
그대만의 화관을 만들며

햇빛이 드리운다, 따스하다

꿈의 조각

여름이 저물어 가던 그날 오후
나는 한참 동안 너였다

이를테면 그것은 흐트러진 빗줄기와
우산으로 가려진 하늘에 대한 동경 같은 것

천천히 가까워지는 하얀 장막 아래
우리는 한줄기 우주를 상상했다

끊임없이 밀어내는 것이 본질이라며,
너는 그것을 간격이라 불렀지

하지만 나는 인력이라 믿었기에
우리에게 작렬한 것은 거시적인 우연

이를테면 이것은 미시적인 운명 같은 것

그러므로 나는
천천히 결합하는 조각난 꿈들 속에서
한참 동안 너일 수 있었다

이제는 안녕을 말하는,
아니 말해야 하는 빗물 사이로
그럴 수 있었다

그래, 그럴 수 있었다

계절의 끝

눈결에 미소로 뛰어나가는 어린아이 마냥
눈 안에 천사를 그리는 그 아이들 마냥

계절의 끝에서 나는 이미 지나간 계절의 모습
으로 또다시 서툴러지는 마음을 기다린다

나비 한 마리 코끝에 맴도는 걸 보니
꽃이 왔구나 바람이 왔구나
잠시 머물고는 하늘에 스미어 버릴 봄이 왔구나

멍하니 이 계절을 음미하는데

새삼 '지구는 돈다'는 말이 시리다 내 팔은 너무도 짧아
이 계절의 끝을 한 아름 안을 수 없고 잡을 수도 없다

그럼에도 향기로 진하게 남아 내 품을 어루만지는 걸 보니
네가 왔구나 한없이 서툴러질 사랑이 왔구나

계절의 끝이라는 말은 틀렸다
네가 봄이다 네가 꽃이다

벚꽃처럼 머물고는 눈 안에 스미어
끝나지 않을 향기다

하얀 것

낙엽이 사그라드는 절정의 속도로
고요히 너에게 가겠다

지나간 바람들이 서려 있을 어느 골목길
온전히 노랗게 물들인 이름 없는 가로등 아래

하얀 것이,
작고 연약해서 금세 사라질 빛줄기 몇 가닥이,

어쩌다 홀로 남겨진 흔적들을 서럽게 한다
그대는 점차 바래버릴 운명이라 하겠지만

찰나에 따스하던 역설의 온도로
그래도 너에게 가겠다

나비(1)

하늘을 보아도 하늘이고
꽃을 보아도 꽃이다

오직 비어버린 공허만이
나의 이유를 증명한다

세상은 흑백으로 점철되고
남은 생기마저 저물어갈 때쯤

나비가 날아들었다
나비가,

구름을 가로질러 꽃잎 사이로
살포시 날개를 올려두었다

일렁이는 바람결에
색깔을 보았다

그대로 채워지는 세상을.

아아 공허에 앉은 그대여

너의 색깔은 하늘이구나 꽃이구나
바람에 살랑이는 가녀린 분홍이구나

작은 한 줌의 네가 세상을
형형색색 물들이는구나

이제는 갑작스레 날아든 숨결만이
나의 존재를 증명한다

그러므로 오늘도 저물어가는 꽃잎을
하나씩 세어본다

무엇을 보아도 결국 그대인

너의 작은 날개 아래에서.

겨울의 아이

그림자가 짙게 내려앉는 계절

더 이상 참을 수 없는 마음의 가벼움에
그날의 입김마저 나는 그리워했다

5월의 마지막 밤

오늘은, 떠나보내야 하는 것이
오늘뿐만이 아니기에

빨갛게 달아오른 볼 따귀로
좋아한다고, 네가 남긴 그 계절을

이제는 내가 좋아한다고

아무도 들을 수 없는 비명 속에
나지막이 속삭여 보고 싶다

그림자가 짙게 내려앉는 계절

지난날 녹아 스미어버린 눈사람의 입맞춤에
스르륵 잠에 드는 봄이다

향기

끝모습이 만남처럼 드리우는 계절이라

아무일도 없었다며 향기만을 남겨놓네

고맙게도 그대 안을 파고드는 바람결에

마지못해 조금만 더 마주하면 좋으련만

구름

왠지 하늘을 쓰고 싶던 날
구름이 하늘을 가려 볼 수가 없던 날

벤치에 기대어 흩어지는 바람을 세어보며
그저 기다릴 뿐, 기다리고만 있던 나에게

살며시 구름이 스며드네
손끝에 일렁이는 그대의 온도로

환하게 타오르네,
햇빛을 시리는 사람의 체온으로

어쩐지 그대는 종이 사이로 비치는
가로등 불빛을 닮았기에

조금씩
조금씩 다가갈 뿐, 다가가 본다

왠지 하늘을 쓰고 싶던 날

살며시 하늘을 가려

그대를 볼 수가 있던

어느 날

눈 내리는 오후

오늘은,
지나가는 온기마저 선명한 날입니다

닿으면 사라질까 조금씩
흩어지는 햇빛 사이로

당신이 사랑하던 골목은
서서히 식어만 갑니다

12월의 벚꽃, 희미해진
그림자에 손끝을 뻗어보지만

녹아버린 향기만이
차디찬 계절을 감싸안지요

그리고 어느새,
잊혀진 가지 위에 살포시 내려앉아

그의 빈자리를 채웁니다

바스락, 쌓이는 잔향 사이로
선명하게, 조금 더 선명하게

당신이 보이네요
겨울의 향기가 스밉니다

옷깃이 젖어 드네요
눈 내리는 오후입니다

따스하게 안아주네요
가로등 불빛이 저물어 갑니다

신호등의 역설

초록 불, 길을 건너시오

그러나, 그러고 싶지 않은 마음이다
깜빡이는 진자의 속도에 맞추어 그저
바라만 보다가

그렇게 멈추어 버린 시간의 이치

너와 있으면 모든 것이 역설이 된다

하늘 아래 신기루

하늘 밖은 너무 멀어
지상으로 내려왔네

뿌연 입김 사이로 빛나는
가로등 불빛이야
이제 닿을 일 없어 애틋하고

환희로 가득 찬 사막 아래에
그보다 더 밑의 심연에서
잠시 두 눈을 휘저어 본다

손등에 일렁이는 환상이야
이젠 내려오면 좋으련만

눈썹에 비치는 신기루야
여전히 하늘 밖에 있을 줄이야

멀어지는 것이 본질이라
끊임없이 속삭이는 모래 위에

한숨을 머금은 채 그려볼 뿐
하릴없이 그릴 뿐이네

수련

어느새 피어오른 감정을,

없던 것으로 하기에 왜 이리도 오랜 시간이 걸릴까요. 모네의 정원에 핀 수련은 오늘도 아스라이 떠있습니다. 그 꽃이 분명 가라앉을 것이라 생각했지만 가늘게 떠있는 모습에 어쩐지 눈길이 갑니다. 흔한 얼룩뿐인 마음이지만 멀리서 보면 당신이 피워낸 수련이었음을 그대는 언젠가 알 수 있을까요. 푸르게 피어날 물결들을 그려봅니다. 천천히 가파오는 숨에 꽃무늬 천을 덮어봅니다.

꽃샘 비

가늘게 꽃이 오는 날
네가 오는 걸 보니

야아, 너도 참 외롭구나

그렇게, 꽃

가장 아끼는 말을 담았더니
그렇게, 꽃이 되었다

꽃관

고마워요, 저는 여전히
저물어가는 중이에요

새벽의 숨결이 시들던 무렵
한 짝의 꽃관을 선물한 연인에게 고백한다

흘러내리는 동공에 새겨 넣은
무방비한 그대의 흔적

그날에 흩날린 꽃잎은 어떤 꽃들의
죽음이었기에 이토록 황홀할까

물감을 덧바른 듯 그저 잃어버린 감각은
진실로 그것이 모순이었음을 증거한다

그러나 나는 알지 못하므로
알지 못해야만 하는데

이제는 풀려버린 입술에 꽃잎이 차오른다
이는 어쩌면 가장 찬란한 죽음

내게 온 것이 너무도 아름다웠기에
그렇게 아름다운 채로 그 끝을 맞이한다

그래요, 아직도 남아있는 것들에게
작별을 말하기로 해요

어느새 젖어 든 향기들 사이로
지나간 연인의 꽃관이 드리운다

어쩌면 당연한 일, 너무도 당연하기에
수줍은 듯 마지막 고백을 말해본다

고마워요, 그대 덕분에 저는

잘 썩어가는 중입니다

봄 인사

새벽 4시, 산란하는 입김 속에서
살며시 그대의 탄생을 맞이한다

스치우는 바람, 갈 곳 잃은 손길이
닿을 곳은 한 곳인데

주저하는 마음이라
손끝에 물방울만 맺히고

그럼에도 아스라이 고개 내민 꽃망울은
수줍은 듯 봄 인사를 건네온다

호-하고 불어도 이제는 피우지 못할 꽃잎이지만
아마도 그대가 바라온 온기이기에

슬피 우는 바람, 남은 청춘의 무게만큼
그 바람을 담아보려고

구름을 사랑하는 이가 있을까

1)
선명하게 내리는 햇살 사이로
한 송이 날갯짓이 살랑인다

구름마저 움직이는 작은 바람에,
그 숨결에 네가 왔고 여름이 왔지

네가 가장 아름다웠을
그리고 싶었을 푸른 빛의 계절이.

다만 그것은 모든 것이 타오르는 계절
살갗을 찢고 흐르는 그 잔인한 일렁임에

네 날개도 조금씩 그을려만 갔지

그러했지만

잿빛 찬란히 흩어져 가는 바람에도
너의 작은 몸짓은 멈추지 않네

그렇네 멈추지 않네 멈추지 않네

2)
구름을 사랑하는 이가 있을까

누군가 사랑했을 선명한 햇살을 가리며
어느 날의 하얀 물결이 생각한다

구름도 사랑받을 수 있을까

누군가 사랑했을 그 순간에 잿빛 빗물을 내리며
어느 날의 먹물이 흐느낀다

3)

그러던 어느 날, 구름마저 움직이는
작은 바람에, 그 숨결에 네가 왔다

햇살을 가린 새카만 그림자 품에서
작디작은 한 폭의 그림자를

포옥- 포개었다

유난히도 진한 햇빛에 잿빛 타오르는
날개를 한없이 살랑이면서.

그래, 그러면서
더욱 진하게 그림자가 겹쳐지면서

"구름을 사랑한다 당신의 새카만 그림자를 사랑한다
당신이 내린 눈물을 사랑한다 당신이 내릴 새하얀 눈을 사랑한

다" 한 송이 날갯짓이 속삭였지

그러므로 앞으로도
그 날갯짓을 멈추지 말아 주길

너의 작은 몸짓을 멈추지 말아 주길
그러지 말아 주길

네가 아파하는 계절에 짙은 그림자가 되어 줄 테니
네가 사랑하는 계절에 한 송이 눈을 내려 줄 테니

언제라도 그래 줄 테니

오늘도 그림자 품속에서 연하게 살랑이는

한 송이 작은 나비에게

나비(2)

진하게 여름이 피어나던 날
한 송이 나비가 날아들던 날

풀잎에 앉은 그대의 날갯짓에
일렁이는 향기를 보았다
그렇게 물들어가는 세상을.

그래, 그렇구나
너의 향기는 부드러운 하늘이구나
달콤하게 맺히는 꽃이구나

짙게 채워진 여름을 형형색색
찬란한 빛깔로 칠하는구나

그러므로 오늘도,
선명히 피어나는 그대의 향기를
하나씩 나는 세어본다

무엇을 보아도 결국 그대인

너의 작은 날개 아래에서.

존재란 무엇일까. 혼란은 자연스럽고 질서는 부자연스럽다. 깨지고 부서지고 흩어지고. 가장 자연스러운 것은 결국 죽음이다. 그렇다면 나는 왜 부자연스러운 삶을 고집하는 것인가. 모르겠다. 대부분 모른 채로 살아간다. 그럼에도 살고 싶다. 그저 살아가는 것이 아닌 나로서 살고 싶다. 어려운 일. 삶은 어려운 일이다. 그렇기에 해내고 싶다. 언제든지 할 수 있는 죽음보다, 언젠가는 할 수 없는 이 삶을 위해 살고 싶다. 흔치 않은 마음이 든다. 그럼에도 흔치 않은 마음이 든다.

2부

흔치 않은 마음

나뭇잎이 잠드는 계절

나뭇잎이 아스라이 잠에 드는 계절에
가쁜 숨에, 그대의 두 지구는
새하얀 촉감으로 물들어 갑니다

솜송이 가득 차오른 그대의 저민 눈동자에
온도 속에, 살며시 피어나는 모습 상상하니

숨길 수 없는 것은 살아있다는
사실뿐이 아니었음을

가까스로 알게 되는 한 계절의 밤입니다

존재의 표상

라플라스, 그 가녀린 무녀의 점괘는
단 한 번도 틀린 적이 없기에

저는 조금씩 저물어갈 뿐입니다.

육신은 오직 식어가기 위해 존재하는 것이라며
그대는 말했지요.

맞습니다, 그렇기에 동공에 맺힌 표상만은
따숩게 감싸안아 봅니다.

내일이라는 약속은 야속하게도
그대에게 내던져진 주사위 같아서

도저히 녹고 녹다가 증발해 버릴
그 운명을 멈출 수가 없지요.

그럼에도 두 눈만은, 그 안에서 내쉬어지는 숨결만은
무녀의 점괘 속에 태워야만 하겠습니다.

식어가는 운명에 맞추어
점차 뜨거워지는 표상으로

이곳에 존재하겠습니다.

존재해야만 하겠습니다.

가벼운 존재

진실로, 한없이 가벼운 그대라는 존재는
공허에 흩뿌려지는 모래알만 같습니다.

사라지는 눈동자와 흐트러지는 날숨 속에
당신은 오직, 부시게 부서져만 갈 뿐입니다.

검은 것

지울 수 없는 하늘에
지워지지 않는 한 조각

별빛이 차오른다

여전히 그 검은 것에
몸을 섞어보고 싶었기에

본질을 상실한 상상만이
가볍게 어깨를 스치운다

"이대로 녹아들다 결국 증발할지도 몰라" 갈망이라는 건 어둠 앞에 내던져지는 니체와 같아서 오직 사랑하고, 살아가고, 거듭날 뿐이다

사라지는 입김마다 흔적을 남겨야 하는
하나 남은 사명

또다시 이름을 남겨본다

흐려지는 눈빛으로
언젠가 찾아주길 바라며

저절로 지워지는 창가에
불빛이 스치운다

결국 잃어버린 이슬 속에
자국도 남지 않은 상상, 사랑, 사명

오직, 검은 것
그래, 검은 것

무채색

가장 좋아하는 것에 대해 물었다.

가장 좋아하는 음악도, 가장 좋아하는 시도,
가장 좋아해 본 사람도, 가장 좋아하는 무엇도
없다는 생각이 들었다.

삶으로 가장한 무채색처럼 느껴졌다.
그렇기에 억지로 색을 칠하고 싶지 않았다.

그래서,
빈자리를 남겨놓은 것이라 답했다.

갑작스레 예고도 없이 찾아오는 소나기처럼
우연으로 스며들 나의 가장을 위해
빈자리를 한 곳 남겨놓은 것이라 답했다.

마지막 갈래

없는 것에 대한 미련과
없는 것에 대한 한숨과
없는 것에 대한 두려움

끊임없이 앞으로 내던져지는 존재로 태어나
끝없는 갈래 속에 그것을 마주하는 그대에게,

그대가 있기에 그것이 있다
갈래는 스러지고 내딛는 260cm, 작은 폭의 미래를 마주한다

그대가 있기에 그것이 있다
그대가 있기에 오직 그 길이 있다

어둠 속에 잠긴, 숨결조차 느껴지지 않는 골목길에도
작은 달빛 하나 새하얀 눈썹 위로 시리게 떠오를 테니

그러니 이제는 미련을 두지 말자

그러니 그에게 한숨을 주지 말자
그러니 더 이상 두려워 말자

선언

언제든지 할 수 있는 일에 미련을 두지 않기로 했다. 언제든지 할 수 있는 일에 가치를 두지 않기로 했다. 죽음이 그렇다. 죽음은 언제든지 할 수 있다. 그렇기에 지금, 언제든지 할 수 없는 일을 하려고 한다. 오늘도 집을 청소할 것이고, 밥을 먹을 것이고, 상상에 빠질 것이다. 슬픔이 오면 슬퍼할 것이고, 기쁨이 오면 기뻐할 것이다. 사랑이 오면 눈과 귀와 입으로 사랑을 말할 것이다. 찰라 뒤에 내가 없다면 하지 못할 일에 미련을 둘 것이고, 가치를 둘 것이고, 단지 해낼 것이다. 언제든지 할 수 있는 나의 죽음이여. 그저 나의 선언을 들으라.

하늘 아래 신기루

하늘 밖은 너무 멀어
지상으로 내려왔네

뿌연 입김 사이로 빛나는
가로등 불빛이야
이제 닿을 일 없어 애틋하고

환희로 가득 찬 사막 아래에
그보다 더 밑의 심연에서
잠시 두 눈을 휘저어 본다

손등에 일렁이는 환상이야
이젠 내려오면 좋으련만

눈썹에 비치는 신기루야
여전히 하늘 밖에 있을 줄이야

멀어지는 것이 본질이라
끊임없이 속삭이는 모래 위에

한숨을 머금은 채 그려볼 뿐
하릴없이 그릴 뿐이네

새벽의 무성영화

새벽은 늘어진 필름이기에 마주할 수 없다 그렇게 믿었으므로,
주머니에서 뽑아낸 새하얀 수염, 무지의 무게

누군가 남기고 간 예절에 맞춰 춤을 추도록,
무녀를 샀다 벽장에 이름을 새기던 폐품 속의 처녀를

그녀의 점괘를 보는 죽음 같은 일

버려진다는 건 버릴 수 있다는 것, 버려지는 미래마저 연극이었
음을 이제는 안다

벽에 걸린 박제를 핥으며 누나하고 울부짖는 여자, 무덤을 보고
싶다며 밤마다 허기를 뱉어내는데,
빌딩의 신음으로 길렀으니 바닥으로 돌아가라

탈피가 시작되고 주인의 물음은 지나가는 창문처럼 끊어진다
보이지 않는 곳에서 보이지 않기 위해 소음 같은 껍질을 벗겨낸다

늘어지는 그림자로 한 편의 시선을 그려내고 사라지는 필름마다 이름을 새겨 넣으면,

껍질을 물어뜯는 사람들, 그들의 비명이 알리는 영화의 절정

점괘를 보는 무녀의 유언만이 이윽고 암전 같은 새벽을 마주한다

버림과 버려짐,
그 사이 어디쯤에서

11시 59분

쓸모없이 깨어있는 시간
시계를 천으로 덮었다
알고 싶지 않아서

그럼에도 그림자는 움직이겠지
마음에 들지 않는 이유로

딸깍거리는 소음
그보다 더 큰 고요 속에
머리를 포개본다

그래도 일어나야지

어쩐지 손등에 비친 모습이 저렴하다, 아무래도 나잇값을 하고 싶은데

생각하는 것은 자유지만

그렇다고 값져지지는 않으니

커튼 사이로 새어드는
빛줄기를 세어본다
이것은 일종의 결심인데

아마도 11시 59분
어제인지 오늘인지 모를
애매한 시간 속

커튼을 걷었다
손에 쥔 기억들만 남긴 채로

내일은 아무래도 낯설겠지만
한 가닥 획은 그어야지

이미 오늘인지도 모르겠지만

어차피 쓸모없던 시간

그러니까 지금은 11시 59분,
지나가는 11시 59분

바다 물고기도 눈물을 흘릴까

바다 물고기도 눈물을 흘릴까

아가미를 타고 흐르는 기포의 유영을
오직 그대만이 알 수 있을 테지

미안, 먼저 사과를 하자면, 그것이 파도인지 무엇인지 나조차도 관심이 없지마는

아마 세상 그 누구도 모를 테지만
내 잘못은 아니니 원망하지는 말기를.

하나 더 바라건대

진실로 어찌하지 못하는 마음을
스스로 증거하고 있다면은

지느러미를 스친 그대의 거품을
온전히 마주할 수 있다면은

그대가 곧 바다라는 사실을 잊지 말기를

어쩌면 세상 그 누구도 모를 테지만
그대만은 잊지 말기를.

자신이 홀린 바닷속에서 오늘도 홀로 나아가는

작은 바다 물고기에게

흰 수염의 고래

1)
바다에 네가 번지듯 어쩐지
익숙하지만 낯선 느낌

앞으로 잃어갈 순간들이 한 폭의
파도가 되어 동공을 뒤덮는다

녹아버린 시계, 기억의 지속.

"흘러버린 시간만큼 나를 잃고 싶지 않아서
흘러내린 시간만큼 너를 잃고 싶지 않아서"

째깍이는 바늘 속, 진동하는 소음을
왜인지 나는 두려워했다.

2)

다시 바다
네가 번진 물결을 상상한다

파란색 물감이 좋은데, 그래서 남은 것은
텅- 비어버린 공동

그렇지만,

"잃어버린 물감의 무게만큼 나는 이곳에 있다고,
잃어버린 물감의 무게만큼 내가 될 수 있었다고"

푸른 파도 속 한 마리
흰 수염의 고래가 속삭인다

어느 날 내가 아끼던 색깔을
다- 써서 그린

한 마리 흰 수염의 고래가.

해피엔딩

밥은 먹었니?
말하는 남자 앞의 구두를 보았어

나는 건지 내리는 건지 모를 수면 속에서
그와 처음으로 마주했지

종착지를 알리는 비릿한 속삭임
지나치는 창문은 한 편의 스냅무비

떨어지는 빗물마저 연극이었음을
그제서야 알게 되었지

멋진 해피, 그러나
엔딩으로 끝내야 할 시간

언제부터 우리가 우비를 입고 살았던가요

빙판에 유서를 남기는 계절이라
부풀어 오른 마음만이 그날의 클라이맥스를 기억하죠

또다시 열차가 들어오면
비린내 나는 남자의 속삭임

내릴 때를 지나친 등속의 깜빡임 속에서
당신의 구두를 신고 춤을 추어야지

깊게 고인 빗물 앞에
우비를 선명하게 개어놓고

멋진 해피, 더 이상 오지 않을
엔딩을 준비해야지

나뭇잎은 생각한다

아무 이유 없이 부는 바람에
아무렇게나 스러지는 갈망이지만

조금씩 멀어지는 하늘을 바라보며
그 바람을 나는 미워할 수 있을까

바닥에 가라앉아 부스러지는 내일에도
물속에 푸욱 잠긴 채 잠에 드는 오늘에도

바람은, 수없이도 스치어 지나갔을
그뿐인데
사무치는 우연마저 나는 사랑할 수 있을까

우리가 살아가는 시공간은 상대적이다. 그만큼 저마다의 생각과 감상은 상대적일 수밖에 없다. 글을 쓰며 누군가 나의 글을 읽었을 때 누구나 같은 느낌을 받지 않도록 애를 썼다. 그렇기에 모두가 같은 감상을 가질 수 없을 것이다. 또 그렇기에 이 책의 시들은 당신과 함께 만들어가는 것이다. 당신과 만들어가는 시, 그 시들이 담긴 이 시공간에서 틀에 박힌 모든 것들이 소멸하고, 그 소멸한 자리에 자유로운 영혼들이 새롭게 피어난다.

3부

소멸하고 피어나고

11월의 소실점

가느다란 숨결에도
상실을 경험하는 계절

눈을 찬란히 부시던 키스처럼
지면이 황금빛으로 물들었다

햇빛이 저물어가던 오후에
당신은 여름이 좋다고 말했지

그러나 나는 겨울을 사랑했고

따라서 우리는 소실점에서
만날 수밖에 없는 운명

비로소 그 운명이란

흩어지는 노란색 선율과
부스러진 햇빛을 바라보며

내가 당신을 둘러싼 한줄기
선이 될 수 있다라는 것

곡선에 아파하고
직선에 주저함에도
그럼에도 그대를 기다릴 수 있다라는
것

미약한 바람에도
한없이 스러지는 '다나에'처럼
당신을 상상하다가,
상상하다가

잠에 든다

라는 것

따라서 나는
소실점으로 수렴할 수밖에 없는
운명

묵묵히 상실을 기다린다
11월의 당신을 맞이한다

목동자리

밀도 낮은 나의 마음은 보이드
팽창하는 공동 속의 검은 후퇴

오늘도 나는 얼마나 많은 우주를
그저 떠나만 보내고 있는가

가장 경이로웠을 이별의 순간에
가장 짧은 인사를 전해본다

작별, 끊임없이 작별을 고하는 것이
오직 내가 존재하는 이유, 그렇기에

앞으로 닿을 수 없는 시간과
조금씩 잊혀져 간 당신은

영원히 닿지 못할 빛이 되어
이젠 영원히 없는 것이 되었네

[밀도 높은 당신에게 몰려드는 수천 개의 은하여, 그대들이 비로소 종말을 맞이하길 오늘도, 오늘도, 오늘도 기다리며]

빼앗기고 비어버린 나의 마음은 보이드
속절없이 커져가는 가슴속 작은 공허

가장 빛나는 순간을 놓치지 않기 위해
가장 아름다웠을 당신을 두 눈에 담기 위해

오늘도 나는 얼마나 많은 우주를
그저 바라만 보고 있는가

이차원 평면 위의 인간

 그대를 [선]으로 밖에 인식할 수 없는 나는 한 마리 두려운 짐승. 언젠가 먹이를 구했던 그 길에 갑작스런 시림과 함께 [선]이 생겼다가, 생겼다가 또 어느새 사라져 버렸다. 흔적만이 남은 그곳에는 사랑하는 이와 사랑했던 이와 앞으로 사랑하려 했던 이가 부둥켜 하나가 되어 있었다. 태초의 그것처럼. 그래, 우리가 한곳에서 나왔던 그날의 그 알집처럼. 그렇게 하나가 되어 있었지. 우리가 함께 꿈꾸었던 그 모습에 나만 빼고 그렇게. 그렇게 떨려 오는 절망. 오직 절망. 어찌할 수 없는 것에 어찌할 수 없게 피어버린 원망이여. 아- 원망이여, 대답해다오. 그대라는 [선]은 대체 어디서 오는가. 어디서 오길래 내게서 모든 것을 가져가는가. 이러한 생각마저 집착인가. 고통인가. 삶인가. 아, 삶인가. 그렇다면 그대라는 [선]에는 의지가 있겠지. 그렇다면 어떠한 의지로 내게서 모든 것을 가져가는가. 아니 모든 것을 가져갔는가. 이것은 우연인가, 운명인가, 결국 그 무엇도 아닌 것인가. 아닌 것인가. 아닌 것인가. 아, 아닌 것이구나.

 대답 없는 평면이여. 이곳에 나만 남았구나.

우연이라 생각하는 한 마리 두려운 짐승이 남았구나. 운명이라 생각하는 한 마리 두려운 짐승이 남았구나. 그 무엇도 아니라 생각하는 한 마리 두려운 짐승이 남았구나. 이차원 평면 위의 인간이여. 그대를 [선]으로 밖에 인식할 수 없는 나는 한 마리 두려운 짐승. 그러므로 나는 언젠가 먹이를 구했던 그 길을 오늘도, 내일도 그저 나아가려고 한다. 그대는 그대일 뿐이니 내게 주어진 평면 위에 한줄기 찬란한 그림을 그리며 오직 살아가려고 한다. 그대의 의지는 결국 아무것도 아니기에 오직 끊임없이 아름답게 만들기 위해 살아가려고 한다. 이 모든 표상과 원망과 절망을 받아들이며, 그저 대답 없는 평면을 아름답게 채우며 살아가려고 한다. 아, 살아가려고 한다.

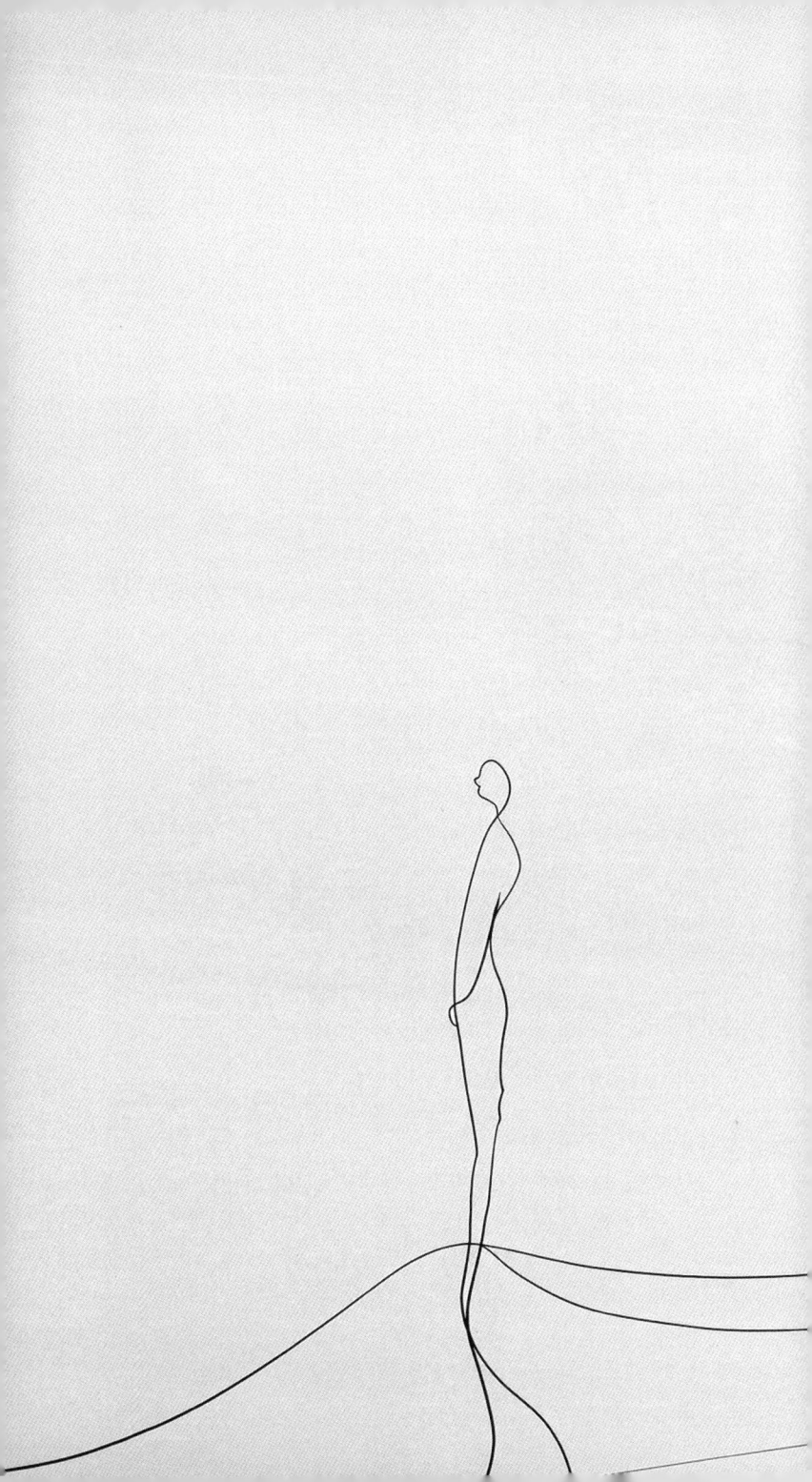

사건의 지평선

마음의 임종이 남긴 찬란한 빛의 고리

선명하게 멈추어 버린 시간 속
그대가 볼 수 있는 것은 오직
그날의 슬픈 표상이었다

경계를 상실한 기억
그곳에 갇힌 마지막 단편이
빨려 들어가는 마음인지
내뱉어지는 마음인지

3인칭의 [그대]는 도저히 알 수가 없겠지

그러나 내 시선의 인칭, 내 손목 위의 시계는
여전히 평형을 향해 째깍이고 있을 뿐

더 빠르지도 않게, 더 느리지도 않게

나의 시간을 그저

살아가고 있을 뿐이다

0시 1분

나는, 무엇이 아쉬워
하루의 끝을 놓지 못하는가

이미 지나쳐버린 오늘을
오늘이라 부를 수 있는가

속절없이 찾아온 내일은,
허물을 벗은 채 마주치는 그대는

물어뜯은 손톱 사이에 스치는
한 줌의 바람일까

답을 내리지 못해 감은 두 눈은
오늘도 잠을 찾지 못한다

그 끝에 한 걸음 더 가까워진
하나뿐인 존재 속에서.

3월의 마지막 눈이 내리던 날

3월의 마지막 눈이 내리던 날

흐려지는 달빛에도, 가엾게도
그것은 모호한 경계가 되어 잠시 흐트러진다

그들은 아마 같은 폭의 미래를 그리며 내려왔겠지
서로의 발자국을 포개며 애틋하게 내려왔겠지

그러나 흘러가 버린 흔적
고이지도 못한 채 아무것도 남길 수도 없다

그것은 3월의 마지막 눈이기에.

촉촉이 발끝이 젖어든다
서럽게도 시려운 계절이 떠나려고 한다

공간

그대는 공간을 남겼지

채울 수 없는 공동
한 걸음 걸을수록 이미 멀어진 것들이
내게서 흩어져만 간다

문틈 사이로 바람이 새어든다

떠나간 자들의 살결을 손으로 막는다 한들,
그래 두 손으로 막아본다 한들
작은 구멍도 허락하지 않는 그대이기에
손금 사이로 비친 그 떨림을

오늘도
나는
견딜 수 있을까

가지런히 남겨진 신발을, 한숨을, 시간을, 기다리는 사람처럼,
견딘 채로, 발끝을 그저, 바라보고 있을 뿐이다

공간에 공동이 가득하다
조금씩 물을 채운다 한들 행복할까

바람이 스치운다
흩어진 것들이 아직 그곳에 있을까

낙서가 가득한 난간
타인의 살점은 차갑게 느껴질 것인데
그렇기에 오늘도, 그 떨림을

견뎌볼 뿐이다

기다림

일렁이는 물결에 잠긴
일그러진 도시의 벽

그대를 생각하는 일종의 고독 속에
그에 대한 정의를 논해본다

사랑해요. 하나 남은 마침표가
왜인지 시려운데, 그날에 맞잡은 손이
어쩌면 서러웠기 때문일까

사랑해요? 지워진 마침표 위에
물음표만이 홀로 남아
그대를 살며시 안아본다

그렇게 흘러가는 시간 속
이미 지나버린 것은 사라지지 않는
물음

문득 움직이지 않는다는 착각이 든다

그럼에도 우리는 더 이상
아름다워질 수 없으니까

이제는 아무렇지 않게
불행하지 않으려고 한다

끊임없이 바스라지는 기억
시리게 사그라지는 물결, 그렇게

일렁이는 도시의 벽

흐려지는 것이 결국 너였으면 좋겠다
라고

기다림에 대해 오늘도 생각한다

오지 않는 시간

빨간 불, 산란하는 기억에 비친
멈추어버린 시간, 그 속에서

오지 않는 당신을 상상한다

이를테면 베어 문 이빨 자국이 점점 선명해지는 일
끝없이 깊어지는 것이 그대를 닮았다

그렇기에 너무도 간단한 일
식빵을 구웠다, 그녀가 남긴 흔적을 따라서

바닥을 채우는 살색 부스러기
손으로 꾹꾹 눌러 흉터에 담았다

버리기에는 아까우니 그럴 수밖에

그런데 그럴 수밖에 없다

말하기에는

당신의 상실을 떠올리기란
존재를 증명하는 것만큼이나 힘겨운 일

파란 불, 이것이 이치인데
나는 왜 끝이 없는 상상을 하는가

비로소 투명한 빗물에 비친 그대의
까만색 동공, 그 속에서

한없이 흐르는 그녀를 경험한다

그러므로 이제는 이별을 고해야지
상실은, 흔적은, 흉터는 결국 오지 않는 시간

그래요 오지 않는 시간! 안녕, 잘 가요

잘 자요, 잘 자요, 잘 자요! 굿나잇.

따스한 상실

텅 빈 가지 사이로 흐르는 순수의 계절
피어나 저물고 덧나버린 시린 맘에도

겨울이 왔다

번지고 번지다 얽혀버린 실낱같은 마음에도
가장 따스한 상실의 모습으로

그렇게, 겨울이 왔다

회상의 경계

횡단보도로 지워낸 도로의 시간
날개의 환영은 소멸을 맞이하고

깃털 같은 불빛만이 애도하는 내일의 숨결
내줄 수 없어 죽기를 포기하네
환각처럼 네 번째 타로를 뒤집는다

파묻어둔 언어마다 죄스러운 침묵을 그려내고 찢어질 듯 달콤한 속삭임에, 너는 참 축복을 받았구나 잃어버린 기억들이 말을 거는데, 지나가는 이름들에 안녕을 물어야 하는 일종의 실언, 희생된 희열

도시에 가로등이 있다는 건
잊혀진 허언가들이 남기고 간 거짓이었음을
내일엔 알 수 있도록

으스러지는 숨결, 회상과 환생의 경계 위에서

생장을 포기한 울음만이 탄생의 밤을 축복하네

안녕을 묻고, 묻고 묻다 유실한
언어의 소멸 속에서

견딜 수 없는 떨림에 대하여

경계를 상실한 순간의 떨림은
티끌의 침묵처럼 바삭했다

당신이 내쉬는 숨소리 같은 비극에도
흔들리는 것은 그날의 기억뿐이 아니기에

어느새 식어버린 뜨거움을 삼키며
한 줌 바스러진 나뭇잎을 탓해본다

어김없이 찾아오는 불안,
어찌할 수 없다는 불쾌감에 또다시 숨어버릴 운명이지만

그럼에도 사랑해야지
견딜 수 없는 떨림마저 사랑해야지

깨진 경계 속 몸을 숨긴 단어들을
하나씩 꺼내본다. '너'

이제는 꺼내야만 하겠다. '사랑'
아- 너를 사랑한다.

흔들림

세상은 흔들리지 않는다

흔들리는 것은 내 눈이다
바람에 주저하는 내 마음이다

나만 흔들리지 않으면 된다

그날의 꽃

그날 함께 맡았던 꽃잎의 향기는
점차 옅어져만 갈 테지만

그날의 꽃은 어쩐지 그리운 모습으로
그 자리에 여전히 피어나고 있겠지

고래낙화

고요 속에서 피어난 속삭임에

한줄기 흔들림을 자처하는 꽃잎 하나

이제는 가야겠다며 미지의 여행을 떠난다는

당신을 쉽게 또 삼키고 뱉어낼 수 있을까요

끊임없이 부서지는 외마디 실어증에

한마디 외로운 비명조차 낼 수가 없지만

파도 속에 저물어 버린 당신은 죽음마저 아름답고

떠도는 숨결까지 나는 사랑할 수 있게 되었다고

고래낙화, 그렇게 메말라 버린 꽃잎 위에

한 송이 시들한 고백을 남겨본다

시공간

초판 1쇄 발행 2025년 1월 15일
저자 정다운
펴낸이 정다운
편집 박설화
디자인 마음 연결
펴낸곳 고래와혼
주소 서울특별시 강동구 천호대로 151길 29, 2층 201호
이메일 wjdekdns0723@gmail.com
출판사 등록번호 등록번호 제2024-000050호
ISBN 979-11-990018-7-9
값 12000